PONS

話そう! Nie mehr sprachlos.

77 **japanische** Dialoge für 77 Situationen, die du unbedingt kennen musst.

PONS GmbH
Stuttgart

Für alle, die auf Japanisch mehr sagen wollen als nur „konnichiwa!".

Für alle, deren Japanischkenntnisse bei „Emoji" und „Karaoke" aufhören.

Für alle, die einfach mal ein bisschen in die japanische Sprache reinschnuppern möchten.

Für alle, die die japanischen Eigenarten besser verstehen möchten.

Für alle, die eigentlich zum Lernen gar keine Zeit haben.

Für alle, die Schweißausbrüche bei der Vorstellung bekommen, irgendetwas auf Japanisch sagen zu müssen.

Für wen ist dieses Buch?

Für alle, die von der japanischen Sprache und Kultur fasziniert sind.

Für alle, die ECHTES Japanisch erleben und sprechen möchten.

Für alle, die in JEDER Situation die passenden japanischen Wörter parat haben möchten.

Für alle, die bisher von sich dachten, sie hätten keine Begabung für Fremdsprachen.

Für alle, die von sich dachten, **sie** seien das Problem beim Sprachenlernen.

Für alle, die gerne nach der Maxime handeln: „Minimaler Aufwand, maximale Wirkung".

Bevor du loslegst ...

Die wichtigsten Informationen zur japanischen **Schrift** und **Aussprache** findest du hier zusammengefasst.

Im Japanischen gibt es zwei Silbenalphabete und chinesische Wortschriftzeichen, die so genannten **Kanji**. 1981 legte die japanische Regierung rund 2000 Kanji fest, die im Alltagsleben am häufigsten benutzt werden und an die sich auch die Massenmedien halten. Diese Liste wurde 2010 auf 2136 Kanji erweitert.

Die Silbenschriftzeichen nennt man **Kana**. Das eine der beiden Alphabete heißt **Hiragana**. Im modernen Japanisch wird Hiragana vorwiegend für Flexionsendungen benutzt sowie für Wörter, die nicht als Kanji (chinesische Schriftzeichen) dargestellt werden können. Das zweite Alphabet heißt **Katakana**, das vorwiegend für Fremdwörter und ausländische Namen verwendet wird.

Damit dir die japanische Aussprache gut gelingt, haben wir alle Wörter und Sätze nach dem **Hepburn-System** transkribiert, das sich der lateinischen Buchstaben bedient.

Die Vokale in den Silben werden folgendermaßen ausgesprochen:

a wie in **A**blage
i wie in **i**nnen
u wie in **u**nd
e wie in **E**ssen
o wie in **O**fen

Langvokale werden mit Oberstrich geschrieben: **ā**, **ē**, **ī**, **ō**, **ū**.

Langes i wird meistens **ii** geschrieben, **ī** kommt nur in Fremdwörtern vor. Langes e wird gewöhnlich **ei** geschrieben, in Fremdwörtern dagegen **ē**.

Da das Hepburn-System sich an der englischen Sprache orientiert, weicht die Aussprache von manchen Konsonanten vom Deutschen ab:

sh = **sch**, **ch** = **tsch**, **y** = **j**, **j** = **dj**

Die restlichen Konsonanten spricht man wie im Deutschen aus.

TIPP:

Du willst es noch genauer wissen? Unter **www.pons.de/77_Dialoge-japanisch** kannst du dir anhören, wie Muttersprachler die Wörter aussprechen.

知ってた? / WUSSTEST DU SCHON?

In Japan wirst du sehr oft das umgangssprachliche **suimasen** hören. Die ursprüngliche Höflichkeitsform lautet **sumimasen.** Bist du geschäftlich unterwegs, werden dir auch die anderen Höflichkeitsformen **mōshiwake arimasen** und **mōshiwake gozaimasen** begegnen. Diese Ausdrücke haben eines gemeinsam: Sie alle bedeuten so viel wie „Entschuldigung!".

すみません！大丈夫ですか。
sumimasen! daijōbu desu ka.
Entschuldigung! Alles in Ordnung?

大丈夫です。
daijōbu desu.
Macht nichts.

すみません！ .... *Entschuldigung!*
sumimasen!

大丈夫です。 .... *Macht nichts.*
daijōbu desu.

すみません！

sumimasen!

Entschuldigung! (um Verzeihung bitten)

2 すみません!

sumimasen!

▷ Entschuldigung! (um Aufmerksamkeit bitten)

知ってた? / WUSSTEST DU SCHON?

Das Wort **sumimasen** kannst du auch benutzen, um jemanden anzusprechen bzw. auf dich aufmerksam zu machen. Informeller geht dies mit dem umgangssprachlichen **shitain desuga**, und oft wirst du **shitai no desuga** hören. Fürs Geschäftsleben geeignet ist wiederum die Formulierung **kashikomari mashita.**

… したいんですが。
… shitain desuga.
Ich möchte gern …

注文する
chūmon suru
bestellen

お団子
odango
Odango (Klöße aus Reismehl)

抹茶
matcha
der Matcha (fein gemahlener Grüntee)

… をください。
… o kudasai.
Ich hätte gern …

かしこまりました。
kashikomari mashita.
Sehr gern.

すみません！注文したいんですが。
sumimasen! chūmon shitain desuga.
Entschuldigung! Ich möchte gern bestellen.

はい、ご注文をお伺いします。
hai, gochūmon o oukagai shimasu.
Ja, was möchten Sie bestellen?

お団子1つと抹茶1つください。
odango hitotsu to matcha hitotsu kudasai.
Ich hätte gern einmal Odango und dazu einen Matcha.

かしこまりました。
kashikomari mashita.
Sehr gern.

知ってた? / WUSSTEST DU SCHON?

Das Wort **sumimasen** benutzt man in Japan über die anderen Verwendungen hinaus, um sich bei Fremden zu bedanken. Mit **sumimasen** kannst du Dankbarkeit ausdrücken, wenn zum Beispiel jemand etwas für dich macht. Weitere wichtige Ausdrücke in diesem Zusammenhang sind **arigatō** und **arigatō gozaimasu.**

すみません 3

sumimasen

Danke schön

手袋、落としましたよ。
tebukuro, otoshi mashita yo.
Sie haben Ihren Handschuh fallen lassen.

あー、すみません。
ā, sumimasen.
Oh, danke schön.

落とす .... *fallen lassen*
otosu

手袋 .... *der Handschuh*
tebukuro

すみません .... *danke schön*
sumimasen

4 道を尋ねる

michi o tazuneru

Nach dem Weg fragen

道に迷ってしまいました。
michi ni mayotte shimaimashita.
Ich habe mich verlaufen.

駅
eki
der Bahnhof

… に行きたい
... ni ikitai
ich möchte ... gehen

まっすぐ
massugu
geradeaus

突き当り
tsukiatari
das Ende der Straße

右に曲がる
migi ni magaru
rechts abbiegen

すみません！道に迷ってしまいました。駅に行きたいのですが。
sumimasen! michi ni mayotte shimaimashita. eki ni ikitai no desuga.
Entschuldigung! Ich habe mich verlaufen. Ich möchte zum Bahnhof.

この道をまっすぐ行って、突き当りを右に曲がると駅ですよ。
kono michi o massugu itte, tsukiatari o migi ni magaru to eki desu yo.
Gehen Sie diese Straße geradeaus weiter, und am Ende der Straße biegen Sie rechts ab, dann sehen Sie den Bahnhof schon.

ここからどのくらいかかりますか。
koko kara dono kurai kakarimasu ka.
Wie lang braucht man von hier?

歩いて10分ぐらいだと思います。
aruite jup-pun gurai dato omoimasu.
Ich schätze, es dauert etwa zehn Minuten zu Fuß.

ありがとうございます！
arigatō gozaimasu!
Danke schön!

いえいえ。
ieie.
Nichts zu danken.

どのくらい …
dono kurai ...
wie lang ...?

歩いて
aruite
zu Fuß

ありがとうございます！
arigatō gozaimasu!
Danke schön!

いえいえ。
ieie.
Nichts zu danken.

知ってた? / WUSSTEST DU SCHON?

So wie den deutschen Ausdruck „Guten Appetit!" solltest du **itadakimasu!** immer vor dem Essen sagen. Wörtlich bedeutet es etwa so viel wie „Danke für das Essen!".

ご飯だよ!
gohan dayo!
Das Essen ist fertig!

はーい!
hāi!
Ja!

お腹すいた!
onaka suita!
Ich habe Hunger!

早く座って。
hayaku suwatte.
Setzt euch schnell.

いただきます!
itadakimasu!
Guten Appetit! (Danke für das Essen!)

いただきます！ 5

itadaki masu!

Guten Appetit!

ご飯
gohan
das Essen

はーい
hāi
ja

お腹すいた！
onaka suita!
Ich habe Hunger!

早く
hayaku
schnell

座って
suwatte
sich setzen

いただきます！
itadakimasu!
Guten Appetit! (Danke für das Essen!)

6

ご馳走様！

gochisō sama!

Es hat gut geschmeckt!

知ってた？ / WUSSTEST DU SCHON?

Die Formulierung **gochisō sama** bedeutet wörtlich übersetzt „es war wie ein Festessen". So bedankt man sich in Japan für das Essen. In diesem Fall lautet die Höflichkeitsform **gochisō sama deshita.** Diese kannst du beispielsweise verwenden, wenn du ein Restaurant verlässt oder wenn jemand dich einlädt.

あー、美味しかった。
ā, oishi katta.
Oh, das war lecker.

おかわりは？
okawari wa?
Möchtet ihr noch einen Nachschlag?

もうお腹いっぱい！
mō onaka ippai!
Ich bin schon satt!

もういらない。
mō iranai.
Ich brauche nichts mehr.

ご馳走様！
gochisō sama!
Es hat gut geschmeckt!

美味しかった。
oishi katta.
Das war lecker.

おかわり
okawari
der Nachschlag

お腹いっぱい。
onaka ippai.
Ich bin satt.

いらない。
iranai.
Ich brauche nichts.

ご馳走様!
gochisō sama!
Es hat gut geschmeckt! / Danke für das Essen!

今日の午後時間ある?お茶行かない?
kyō no gogo jikan aru? ocha ikanai?
Hast du heute Nachmittag Zeit? Wollen wir Kaffee trinken gehen?

いいね!3時でいい?
iine! san-ji de ii?
Das klingt gut! Wie wäre es mit 3 Uhr?

オッケー。じゃあ、待ち合わせは3時に渋谷駅のハチ公前で。
okkē. jā, machiawase wa san-ji ni shibuya-eki no hachikō mae de.
In Ordnung. Dann treffen wir uns um 3 Uhr vor Hachikō am Shibuya Bahnhof.

了解、じゃあ後で。
ryōkai. jā, ato de.
Alles klar. Dann bis später.

今日の午後
kyō no gogo
heute Nachmittag

時間ある?
jikan aru?
Hast du Zeit?

お茶行かない?
ocha ikanai? (weiblich)
Wollen wir Kaffee trinken gehen?

お茶行こうぜ。
ocha ikōze. (männlich)
Lass uns einen Kaffee trinken gehen.

いいね!
iine!
Das klingt gut!

3時でいい?
san-ji de ii?
Wie wäre es mit 3 Uhr?

… 時に待ち合わせる。
... ji ni machiawaseru.
Wir treffen uns um ... Uhr.

了解。
ryōkai.
Alles klar.

友達と会う

tomodachi to au

Ein Treffen mit Freunden

知ってた？ / WUSSTEST DU SCHON?

Das Wort **ocha** (お茶) bezeichnet eigentlich einen japanischen Grüntee, die wörtliche Übersetzung von **ocha ikanai?** lautet daher „Wollen wir Grüntee trinken gehen?". Die Bedeutung von **ocha ikanai?** ist jedoch weiter gefasst. So kann die Frage bedeuten, dass man vielleicht einen Tee, vielleicht aber auch einen Kaffee oder einen Saft trinkt. Letztendlich legt man mit der Frage nicht einmal fest, ob man auf jeden Fall etwas trinken geht – man kann zum Beispiel auch etwas essen gehen oder sich einfach nur unterhalten oder gemeinsam entspannen.

8 これ、それ、あれ

kore, sore, are

Das hier, das da, das dort drüben

これは何ですか。
kore wa nan desu ka.
Was ist das (hier bei mir)?

それは味噌汁です。
sore wa miso shiru desu.
Das (da bei dir) ist eine Miso-Suppe.

それは何ですか。
sore wa nan desu ka.
Was ist das (da bei dir)?

これはそばです。
kore wa soba desu.
Das (hier bei mir) sind Soba-Nudeln.

あれは何ですか。
are wa nan desu ka.
Was ist das (dort drüben)?

あれは寿司です。
are wa sushi desu.
Das (dort drüben) ist Sushi.

知ってた? / WUSSTEST DU SCHON?

Die Wörter **kore**, **sore** und **are** tauchen in der Alltagssprache sehr häufig auf. Wenn du dir diese Wörter und ihre jeweiligen Bedeutungen gut einprägst, kannst du in Gesprächen ganz konkret vermitteln, über welche Dinge du gerade redest. Die Formulierung **desu ka** (ですか) kannst du Fremden gegenüber verwenden. Im Freundes- oder Familienkreis ist hingegen die Verwendung der Formen **kore nani** oder **nani kore** üblich.

これ
kore
das (hier bei mir)

これは何ですか。
kore wa nan desu ka.
Was ist das (hier bei mir)?

それ
sore
das (da bei dir)

味噌汁
miso shiru
die Miso-Suppe

そば
soba
die Soba-Nudeln

あれ
are
das (dort drüben)

寿司
sushi
das Sushi

これはいくらですか。
kore wa ikura desu ka.
Wie viel kostet das?

それは500円です。
sore wa gohyaku-en desu.
Es kostet 500 Yen.

それはいくらですか。
sore wa ikura desu ka.
Wie viel kostet das da?

これは300円です。
kore wa sanbyaku-en desu.
Es kostet 300 Yen.

じゃあ、それ3つください。
jā, sore mittsu kudasai.
Ja, dann hätte ich gern drei Stück davon.

かしこまりました。全部で900円になります。
kashikomari mashita. zenbu de kyūhyaku-en ni narimasu.
Sehr gerne. Das macht insgesamt 900 Yen, bitte.

これはいくらですか。
kore wa ikura desu ka.
Wie viel kostet das?

500円
gohyaku-en
500 Yen

じゃあ
jā
also, ja dann

3つ
mittsu
drei Stück

全部で
zenbu de
insgesamt

値段を聞く

9

nedan o kiku

Nach dem Preis fragen

知ってた? / WUSSTEST DU SCHON?

Du kannst **oyahō** gegenüber Freunden, Kollegen oder der Familie benutzen. Die Höflichkeitsform lautet **ohayō gozaimasu.**

おはよう!
oyahō!
Guten Morgen!

おはよう!宿題終わった?
oyahō! shukudai owatta?
Guten Morgen! Hast du deine Hausaufgaben fertig gemacht?

うん、昨日の夜やっと終わったよ。
un, kinō no yoru yatto owatta yo.
Ja, ich habe es gestern Abend endlich geschafft.

あ、佐藤先生だ!
a, satō sensei da!
Oh, Herr Sato [der Lehrer] kommt!

おはようございます。
oyahō gozaimasu.
Guten Morgen.

おはよう!
oyahō!
Guten Morgen!

おはよう!
oyahō!
Guten Morgen!

宿題
shukudai
die Hausaufgaben

… 終わった?
... owatta?
Hast du ... fertig gemacht?

うん
un
ja

おはよう

10

ohayō

Guten Morgen

昨日の夜
kinō no yoru
gestern Abend

やっと
yatto
endlich

先生
sensei
der Lehrer / die Lehrerin

おはようございます。
oyahō gozaimasu.
Guten Morgen.

11

こんにちは

konnichiwa

▷ Guten Tag

知ってた？ / WUSSTEST DU SCHON?

In Japan verbeugt man sich in den unterschiedlichsten Situationen. Wenn du auf der Straße Bekannte triffst, kannst du mit einer kleinen Verbeugung – die etwa mit einem Kopfnicken vergleichbar ist – **konnichiwa** sagen. Bist du geschäftlich unterwegs, kannst du dich etwas tiefer verbeugen, um Respekt zu bekunden. Noch tiefer verbeugt man sich in Japan, wenn man sich für etwas entschuldigen muss.

こんにちは。
konnichiwa.
Guten Tag.

こんにちは。
konnichiwa.
Guten Tag.

お出かけですか。
odekake desu ka.
Gehen Sie aus?

ええ、今日は天気がいいので、ちょっと散歩に。
ē, kyō wa tenki ga ii node, chotto sanpo ni.
Ja, weil heute das Wetter gut ist, mache ich einen kleinen Spaziergang.

そうですか。お気を付けて。
sōdesu ka. okiotsukete.
Ich verstehe. Alles Gute!

ありがとうございます。失礼します。
arigatō gozaimasu. shitsurei shimasu.
Danke schön. Auf Wiedersehen.

こんにちは。
konnichiwa.
Guten Tag.

お出かけですか。
odekake desu ka.
Gehen Sie aus?

ええ
ē
ja

天気がいい。
tenki ga ii.
Das Wetter ist gut.

散歩
sanpo
der Spaziergang

お気を付けて。
okiotsukete.
Alles Gute.

失礼します。
shitsurei shimasu.
Auf Wiedersehen.

12 こんばんは

konbanwa

Guten Abend

こんばんは。
konbanwa.
Guten Abend.

今日はお越しいただいて、ありがとうございます。
kyō wa okoshi itadaite arigatō gozaimasu.
Vielen Dank, dass Sie heute hierhergekommen sind.

お誘い
osasoi
die Einladung

どうぞ、お座りください。
dōzo, osuwari kudasai.
Bitte setzen Sie sich.

知ってた? / WUSSTEST DU SCHON?

In Japan siezt man sein Gegenüber, wenn man die Person noch nicht sehr gut kennt. Anders als im Deutschen siezt man jedoch auch befreundete Personen in bestimmten Situationen, wenn man höflich sein möchte. So wirst du die Sie-Form **konbanwa** häufig im Alltag hören - wie auch in diesem Dialog. Mit noch mehr Höflichkeit geht es in der Geschäftskommunikation zu, wo man wiederum eine andere Form verwendet.

こんばんは。
konbanwa.
Guten Abend.

こんばんは。
konbanwa.
Guten Abend.

今日はお越しいただいて、ありがとうございます。
kyō wa okoshi itadaite arigatō gozaimasu.
Vielen Dank, dass Sie heute hierhergekommen sind.

いえ、こちらこそお誘いいただいてありがとうございます。
ie, kochirakoso osasoi itadaite arigatō gozaimasu.
Nein, ich habe für die Einladung zu danken.

どうぞ、お座りください。
dōzo, osuwari kudasai.
Bitte setzen Sie sich.

ありがとうございます。
arigatō gozaimasu.
Danke schön.

ごめん、待った？
gomen, matta?
Entschuldige, hab ich dich warten lassen?

大丈夫だよ。さっき来たとこ。
daijōbu dayo. sakki kita toko.
Alles in Ordnung. Ich bin gerade gekommen.

もう何か頼んだ？
mō nanika tanonda?
Hast du schon etwas bestellt?

ううん。まだだよ。
ūn. mada dayo.
Nein. Noch nicht.

遅刻する

13

chikoku suru

Zu spät kommen

知ってた? / WUSSTEST DU SCHON?

Der Ausdruck **gomen** ist generell nur unter Verwandten sowie im Freundes- und engen Kollegenkreis gebräuchlich. Die Höflichkeitsform lautet **gomen nasai.** Diese wird zum Beispiel auch von Kindern gebraucht, wenn sie sich bei ihren Eltern entschuldigen müssen. Unter weniger engen Bekannten oder auch Fremden wirst du eher **sumimasen** hören – und in der Geschäftskommunikation meist **mōshiwake arimasen** oder **mōshiwake gozaimasen.**

ごめん
gomen
Entschuldigung

待った?
matta?
Hab ich dich warten lassen?

大丈夫
daijōbu
alles in Ordnung

さっき
sakki
gerade

来た
kita
ich bin gekommen

… 頼んだ?
… tanonda?
hast du … bestellt?

ううん
ūn
nein

まだ
mada
noch nicht

14

じゃあ、また!

jā, mata!

Bis dann!

今日は楽しかった。ありがとう。
kyō wa tanoshikatta. arigatō.
Danke, ich hatte heute viel Spaß.

こちらこそ、楽しかった。
kochirakoso tanoshikatta.
Ich fand es auch sehr amüsant.

私、京浜東北線だから。
watashi, keihin tōhoku-sen dakara.
Ich nehme die Keihin-Tōhoku-Linie.

俺、山の手線。
ore, yamanote-sen.
Ich nehme die Yamanote-Linie.

じゃあ、またね!バイバイ!
jā, mata ne. baibai!
Bis dann. Tschüss!

じゃあね!
jā ne!
Tschüss!

楽しかった。
tanoshikatta.
Ich hatte viel Spaß.

ありがとう。
arigatō.
Danke.

私
watashi
ich (allgemein)

俺
ore
ich (für Männer)

じゃあ、また。
jā, mata.
Bis dann.

バイバイ！
baibai!
Tschüss!

じゃあね！
jā ne!
Tschüss!

知ってた? / WUSSTEST DU SCHON?

Wörtlich übersetzt heißt **ojama shimasu** „ich werde stören". Diese Formulierung kannst du beim Betreten einer fremden Wohnung verwenden. Sehr wichtig: In Japan musst du immer deine Schuhe ausziehen, wenn du jemanden zu Hause besuchst!

こんにちは！木村です。
konnichiwa! kimura desu.
Hallo! Hier ist Kimura.

いらっしゃい、どうぞ上がって。
irasshai, dōzo agatte.
Willkommen, bitte komm herein.

お邪魔します。
ojama shimasu.
Entschuldigung für die Störung.

どうぞ
dōzo
bitte

上がって
agatte
komm herein

お邪魔します。
ojama shimasu.
Entschuldigung für die Störung. (Gruß beim Betreten einer Wohnung)

お邪魔します

15

ojama shimasu

Entschuldigen Sie die Störung

16 お邪魔しました

ojama shimashita

Ich gehe nach Hause

忘れ物ない？
wasuremono nai?
Bist du sicher, dass du nichts vergessen hast?

うん。大丈夫。
un, daijōbu.
Ja, alles gut.

気を付けて。
kiotsukete.
Pass auf dich auf.

ありがとう。お邪魔しました。
arigtō. ojama shimashita.
Danke, ich gehe nach Hause.

忘れ物ない？ .... *Hast du nichts vergessen?*
wasuremono nai?

うん .... *ja*
un

気を付けて。 .... *Pass auf dich auf.*
kiotsukete.

お邪魔しました。 .... *Ich gehe nach Hause.*
ojama shimashita.

知ってた? / WUSSTEST DU SCHON?

Wörtlich übersetzt heißt **ojama shimashita** „(es tut mir leid, dass) ich Sie gestört habe". Diese Formulierung kannst du als Abschiedsgruß verwenden, wenn du jemanden zu Hause besucht hast.

久しぶり!
hisashiburi!
Ich hab dich lange nicht gesehen!

元気?
genki?
Wie geht's?

そっちは?
socchi wa?
Und dir?

相変わらず
aikawarazu
wie immer

2年ぶり
ni-nen buri
zum ersten Mal seit zwei Jahren

久しぶり！ 17

hisashiburi!

Lang nicht mehr gesehen!

知ってた？ / WUSSTEST DU SCHON?

Mit **hai, un** und ē kannst du auf Japanisch „ja" sagen. Am höflichsten ist **hai.** Im Privatbereich sowie im Freundeskreis ist **un** sehr gängig.

久しぶり！
hisashiburi!
Ich hab dich lange nicht gesehen!

久しぶり！元気？
hisashiburi! genki?
Ja, lang nicht gesehen! Wie geht's?

うん、元気。そっちは？
un, genki. socchi wa?
Ja, es geht mir gut. Und dir?

相変わらず元気だよ。2年ぶりだね。
aikawarazu genki dayo. ni-nen buri dane.
Mir geht es gut, wie immer. Wir sehen uns zum ersten Mal seit zwei Jahren.

18

もしもし

moshi moshi

▷ Hallo (am Telefon)

もしもし .... *hallo*
moshi moshi

… はいらっしゃいますか。 .... *Ist … zu Hause?*
… wa irasshai masu ka.

今出かけています。 .... *Sie ist gerade nicht da.*
ima dekakete imasu.

また後でかけ直します。 .... *Ich rufe später noch einmal an.*
mata ato de kakenaoshi masu.

お願いします .... *bitte*
onegai shimasu

失礼します .... *auf Wiederhören*
shitsurei shimasu

もしもし。
moshi moshi.
Hallo.

もしもし、加藤です。
moshi moshi, katō desu.
Hallo, hier ist Kato.

あ、加藤さん、こんにちは。
a, katō-san, konnichiwa.
Ah, Kato-san, guten Tag.

咲希さんはいらっしゃいますか。
saki-san wa irasshai masu ka.
Ist Saki zu Hause?

すみません、今出かけています。
sumimasen, ima dekakete imasu.
Entschuldigung, aber sie ist gerade nicht da.

では、また後でかけ直します。
dewa, mata ato de kakenaoshi masu.
Dann rufe ich später noch einmal an.

はい、お願いします。
hai, onegai shimasu.
Ja, bitte.

では、失礼します。
dewa, shitsurei shimasu.
Dann auf Wiederhören.

いらっしゃいませ。
三人です。

いらっしゃいませ

irasshai mase

Herzlich willkommen

いらっしゃいませ。何名様ですか。
irasshai mase. nanmei sama desu ka.
Herzlich willkommen. Einen Tisch für wie viele Personen?

三人です。
san-nin desu.
Wir sind zu dritt.

かしこまりました。こちらへどうぞ。
kashikomari mashita. kochira e dōzo.
Alles klar. Hier entlang, bitte.

いらっしゃいませ。 .... *Herzlich willkommen.*
irasshaimase.

何名様ですか。 .... *Einen Tisch für wie viele Personen?*
nanmei sama desu ka.

三人です。 .... *Wir sind zu dritt.*
san-nin desu.

こちらへどうぞ。 .... *Hier entlang, bitte.*
kochira e dōzo.

みんな飲み物はある?
minna nomimono wa aru?
Haben alle etwas zu trinken?

あるよ!
aruyo!
Ja, haben wir!

じゃあ、乾杯しよう。
jā, kanpai shiyō.
Dann, lasst uns anstoßen.

乾杯!
kanpai!
Prost!

乾杯!
kanpai!
Prost!

みんな飲み物はある?
minna nomimono wa aru?
Haben alle etwas zu trinken?

乾杯しよう。
kanpai shiyō.
Lasst uns anstoßen.

乾杯!
kanpai!
Prost!

乾杯！

20

kanpai!

Prost!

知ってた？ / WUSSTEST DU SCHON?

In diesem Dialog haben wir es mit der informellen Form **aru** (ある) bzw. **aruyo** (あるよ) zu tun. In formelleren Situationen ist die Höflichkeitsform **arimasu ka** (ありますか) bzw. **arimasu** (あります) angebracht.

21 おやすみなさい

oyasumi nasai

Gute Nacht

もう寝る時間だよ。
mō neru jikan dayo.
Es ist Zeit zu schlafen.

はーい。おやすみなさい。
hāi. oyasumi nasai.
Ja, gute Nacht.

おやすみ。
oyasumi.
Gute Nacht.

知ってた? / WUSSTEST DU SCHON?

In diesem Dialog verwendet das Kind gegenüber seinem Vater die Höflichkeitsform **oyasumi nasai.** Die Kurzform lautet **oyasumi.**

もう寝る時間だよ。 .... *Es ist Zeit zu schlafen.*
mō neru jikan dayo.

おやすみなさい。 .... *Gute Nacht.*
oyasumi nasai.

22 お疲れさまでした

otsukare sama deshita

Schönen Feierabend

お先に失礼します。 .... *Ich mache Feierabend.*
osaki ni shitsurei shimasu.

お疲れさまでした。 .... *Schönen Feierabend.*
otsukare sama deshita.

お先に失礼します。
osaki ni shitsurei shimasu.
Ich mache Feierabend.

お疲れさまでした。
otsukare sama deshita.
Schönen Feierabend.

知ってた? / WUSSTEST DU SCHON?

Wer in Japan Feierabend macht, sagt **osaki ni shitsurei shimasu**, was wörtlich übersetzt heißt: „Entschuldigung, dass ich vor Ihnen gehe". Die Antwort darauf, **otsukare sama deshita**, bedeutet so viel wie „Sie sind müde". Im japanischen Büroalltag sind diese Sätze häufig zu hören – mit beiden wünscht man sich einen schönen Feierabend.

おかけになりますか。
ありがとうございます。

席を譲る

23

seki o yuzuru

Platz anbieten

おかけになりますか。
okake ni narimasu ka.
Möchten Sie sich setzen?

ありがとうございます。
arigatō gozaimasu.
Vielen Dank.

おかけになりますか。 .... *Möchten Sie sich setzen?*
okake ni narimasu ka.

24

年末の挨拶

nenmatsu no aisatsu

Grüße zum Jahresende

知ってた？ / WUSSTEST DU SCHON?

Neujahr in Japan ist ein besonders wichtiges Fest und hat etwa den Stellenwert von Weihnachten bei uns. Den Ausdruck in diesem Dialog, der wörtlich übersetzt „haben Sie ein gutes neues Jahr" bedeutet, kannst du bis zum 31. Dezember verwenden - und zwar immer dann, wenn du dich zum Jahresende hin ein letztes Mal von jemandem verabschiedest. Im Freundes- oder engen Kollegenkreis kannst du die Kurzform **yoi otoshi o** benutzen.

良いお年をお迎えください。
yoi otoshi o omukae kudasai.
Einen guten Rutsch ins neue Jahr.

良いお年をお迎えください。
yoi otoshi o omukae kudasai.
Einen guten Rutsch ins neue Jahr.

25 新年の挨拶

shinnen no aisatsu

Neujahrsgrüße

知ってた？ / WUSSTEST DU SCHON?

Die beiden Floskeln, die du hier in der Sprechblase siehst, sind in Japan beim ersten Wiedersehen im neuen Jahr sehr verbreitet. Vor allem bis zum 7. oder – je nach Region – bis zum 15. oder sogar 20. Januar sind sie häufig zu hören. Im Anschluss an diesen Zeitraum fällt der erste Satz weg, und man grüßt sich bis Ende Januar nur noch mit **kotoshi mo yoroshiku onegai shimasu.**

明けましておめでとうございます。
akemashite omedetō gozaimasu.
Frohes neues Jahr.

今年もよろしくお願いします。
kotoshi mo yoroshiku onegai shimasu.
Ich freue mich auch dieses Jahr auf eine weiterhin gute Zusammenarbeit.

明けましておめでとうございます。
akemashite omedetō gozaimasu.
Frohes Neues Jahr.

今年もよろしくお願いします。
kotoshi mo yoroshiku onegai shimasu.
Ich freue mich auch dieses Jahr auf eine weiterhin gute Zusammenarbeit.

明けまして
おめでとうございます。
今年もよろしくお願いします。

26 いえ、結構です

ie, kekkō desu

Nein, danke

おかわりはいかがですか。
okawari wa ikaga desu ka.
Möchten Sie noch einen Nachschlag?

いえ、結構です。
ie, kekkō desu.
Nein, danke.

おかわり .... *der Nachschlag*
okawari

… はいかがですか。 .... *Möchten Sie …?*
… wa ikaga desu ka.

いえ、結構です。 .... *Nein, danke.*
ie, kekkō desu.

知ってた? / WUSSTEST DU SCHON?

Vielleicht ist es dir schon aufgefallen: Viele japanische Substantive können durch **o** oder **go** ergänzt werden. Beispiele hierfür sind **odango** (Kloß aus Reismehl), **omizu** (Wasser), **otoshiyori** (ältere Menschen) oder **okashi** (Süßigkeiten). In diesem Dialog ist es das Wort **okawari.** So kann man aus japanischen Substantiven eine Art Höflichkeitsform bilden, die **bika-go** (Verschönerung von Wörtern) heißt.

知ってた? / WUSSTEST DU SCHON?

In der japanischen Geschäftswelt wird der Tausch von Visitenkarten bei der Begrüßung regelrecht zelebriert. Zum Ritual gehört eine besondere Etikette, die mit Rang und Respekt viel zu tun hat. Bist du geschäftlich unterwegs, lohnt es sich, die Grundregeln zu kennen.

初めまして。鈴木と申します。
hajime mashite. suzuki to mōshimasu.
Es freut mich, Sie kennenzulernen. Ich heiße Suzuki.

よろしくお願いいたします。
yoroshiku onegai itashimasu.
Ich freue mich auf gute Zusammenarbeit.

内藤と申します。
naitō to mōshimasu.
Ich heiße Naito.

こちらこそ、よろしくお願いいたします。
kochira koso, yoroshiku onegai itashimasu.
Ganz meinerseits.

初めまして。
hajime mashite.
Es freut mich, Sie kennenzulernen.

… と申します。
... to mōshimasu.
Ich heiße ...

自己紹介

jiko shōkai

Sich vorstellen

よろしくお願い
いたします。
yoroshiku onegai itashimasu.
Ich freue mich auf gute Zusammenarbeit.

こちらこそ、よろしくお願い
いたします。
kochira koso, yoroshiku onegai itashimasu.
Ganz meinerseits.

ご結婚おめでとうございます。
gokekkon omedetō gozaimasu.
Herzlichen Glückwunsch zur Hochzeit.

ありがとうございます。
arigatō gozaimasu.
Danke schön.

知ってた? / WUSSTEST DU SCHON?

In diesem Dialog wird die Höflichkeitsform **gokekkon omedetō gozaimasu** gebraucht. Die informelle Form ist kürzer: **kekkon omedetō** (結婚おめでとう). Wie in den meisten Kulturen sind auch japanische Hochzeiten mit vielen Traditionen und Sitten verbunden, die je nach Brautpaar ganz unterschiedlich ausfallen können. Bist du zu einer Hochzeit eingeladen, solltest du dem Brautpaar stets Geld schenken - und zwar in einem dekorativen, extra für diesen Zweck hergestellten Umschlag. Steht nur dein Name in der Einladung, musst du auf eine Begleitung verzichten.

ご結婚おめでとうございます。
gokekkon omedetō gozaimasu.
Herzlichen Glückwunsch zur Hochzeit.

新郎新婦を祝う

28

shinrō shipu o iwau

Dem Brautpaar gratulieren

今週の金曜日
konshū no kinyōbi
am Freitag dieser Woche

飲みに行かない?
nomi ni ikanai?
Wollen wir zusammen etwas trinken gehen?

誰を誘おうか。
dare o sasoō ka.
Wen wollen wir noch fragen?

… はどう?
... wa dō?
Wie wäre es mit ...?

それいいね。
sore iine.
Das finde ich gut.

連絡する
renraku suru
kontaktieren

よろしく!
yoroshiku!
Ja, bitte!

飲みに行く

29

nomi ni iku

Etwas trinken gehen

知ってた? / WUSSTEST DU SCHON?

In Japan ist es so gängig, nach der Arbeit mit Kolleginnen und Kollegen oder anderen Bekannten etwas essen bzw. trinken zu gehen, dass es hierfür einen eigenen Namen gibt: **Nomikai.** Dieser Brauch ist ein wichtiger Bestandteil der japanischen Arbeitskultur.

今週の金曜日、時間ある?飲みに行かない?
konshū no kinyōbi, jikan aru? nomi ni ikanai?
Hast du am Freitag dieser Woche Zeit? Wollen wir zusammen etwas trinken gehen?

いいね。誰を誘おうか。
iine. dare o sasoō ka.
Das klingt gut. Wen wollen wir noch fragen?

田中さんと工藤さんはどう?
Tanaka-san to Kudō-san wa dō?
Wie wäre es mit Tanaka-san und Kudo-san?

それいいね。じゃあ、私が連絡しておくよ。
sore iine. jā, watashi ga renraku shiteoku yo.
Das finde ich gut. Dann werde ich sie kontaktieren.

よろしく!
yoroshiku!
Ja, bitte!

30

緊急の場合

kinkyū no baai

Im Notfall

すみません、救急車を呼んでください。
sumimasen, kyūkyūsha o yonde kudasai.
Entschuldigung, bitte rufen Sie einen Krankenwagen.

どうしましたか。
dō shimashita ka.
Was ist passiert?

自転車で転んで動けないんです。
jitensha de koronde ugokenai n desu.
Ich bin vom Fahrrad gestürzt und ich kann mich nicht bewegen.

救急車を呼んでください。
kyūkyūsha o yonde kudasai.
Bitte rufen Sie einen Krankenwagen.

どうしましたか。
dō shimashita ka.
Was ist passiert?

自転車
jitensha
das Fahrrad

転ぶ
korobu
stürzen

動けない。
ugokenai.
Ich kann mich nicht bewegen.

荷物を受け取りたいのですが。
少々お待ちください。

少々お待ちください 31

shōshō omachi kudasai

Einen Moment, bitte

すみません、荷物を受け取りたいのですが。
sumimasen, nimotsu o uketoritai no desu ga.
Entschuldigung, ich möchte gerne mein Paket abholen.

少々お待ちください。
shōshō omachi kudasai.
Einen Moment bitte.

荷物
nimotsu
das Paket

受け取る
uketoru
etwas abholen

… したいのですが。
... shitai no desu ga.
Ich möchte gerne ...

少々お待ちください。
shōshō omachi kudasai.
Einen Moment, bitte.

32 レストランの予約

resutoran no yoyaku

Einen Tisch reservieren

知ってた? / WUSSTEST DU SCHON?

Auch wenn in Japan bei Zeitangaben häufig die 24-Stunden-Zählung verwendet wird, ist auch die 12-Stunden-Zählung verbreitet. Häufig wirst du zum Beispiel **gozen ... ji** oder **gogo ... ji** hören, wobei sich **gozen** auf den Vormittag bezieht, **gogo** auf den Nachmittag. Darüber hinaus gibt es die Variante **asa** (vormittags) und **yoru** (abends): **asa roku-ji** bedeutet „6 Uhr morgens" und **yoru roku-ji** „6 Uhr abends".

すみません、予約をお願いしたいのですが。
sumimasen, yoyaku o onegai shitai no desu ga.
Entschuldigung, ich möchte einen Tisch reservieren.

いつのご予約でしょうか。
itsu no goyoyaku deshō ka.
Für wann möchten Sie den Tisch reservieren?

明日の夜6時半でお願いします。
asu no yoru roku-ji han de onegai shimasu.
Für morgen Abend um 6.30 Uhr, bitte.

何名様ですか。
nanmei sama desu ka.
Für wie viele Personen?

3人です。
san-nin desu.
Für drei.

かしこまりました。では、お名前とお電話番号をお願いします。
kashikomari mashita. dewa, onamae to odenwa bangō o onegai shimasu.
Alles klar. Ihren Namen und Ihre Telefonnummer, bitte.

予約をお願いしたいのですが。
yoyaku o onegai shitai no desu ga.
Ich möchte einen Tisch reservieren.

いつのご予約でしょうか。
itsu no goyoyaku deshō ka.
Für wann möchten Sie den Tisch reservieren?

明日の夜6時半。
asu no yoru roku-ji han.
Morgen Abend um 6.30 Uhr.

何名様ですか。
nanmei sama desu ka.
Für wie viele Personen?

お名前とお電話番号をお願いします。
onamae to odenwa bangō o onegai shimasu.
Ihren Namen und Ihre Telefonnummer, bitte.

33 入場券を買う

nyūjōken o kau

Eintrittskarten kaufen

こんにちは。
konnichiwa.
Guten Tag.

すみません、大人2枚、子供１枚お願いします。
sumimasen, otona ni-mai, kodomo ichi-mai onegai shimasu.
Zwei Erwachsene und ein Kind, bitte.

5500円です。
gosen gohyaku-en desu.
5500 Yen, bitte.

知ってた? / WUSSTEST DU SCHON?

Wenn man wie im obigen Dialog die Eintrittskarten, aber zum Beispiel auch Papier im Allgemeinen oder Tücher zählt, benutzt man die Ergänzung **mai** (枚). Die verschiedenen japanischen Zählwörter, die dir in Alltagsgesprächen häufig begegnen werden, heißen **josūshi** (助数詞).

大人
otona
der/die Erwachsene

子供
kodomo
das Kind

2枚
ni-mai
zweimal

1枚
ichi-mai
einmal

知ってた? / WUSSTEST DU SCHON?

In diesem Dialog wird die informelle Form **yo** (よ) bzw. **dō** (どう) gebraucht. Diese Form findest du auch in dem Dialog „Ein kalter Tag" auf Seite 155.

雨が降りそう。
ame ga furisō.
Es sieht nach Regen aus.

今日は、午後から雨だってニュースで聞いたよ。
kyō wa, gogo kara ame datte nyūsu de kiita yo.
Ich habe in den Nachrichten gehört, dass es heute Nachmittag regnen wird.

明日の天気はどう?
ashita no tenki wa dō?
Wie wird das Wetter morgen?

明日は晴れだって。
ashita wa hare datte.
Morgen wird es sonnig.

雨
ame
der Regen

雨が降りそう。
ame ga furisō.
Es sieht nach Regen aus.

ニュース
nyūsu
die Nachrichten

… で聞いた。
... de kiita.
Ich habe gehört ...

34

天気予報

tenki yohō

Die Wettervorhersage

天気
tenki
das Wetter

晴れ
hare
sonnig

この度はご愁傷様です。 .... *Mein herzliches Beileid.*
konotabi wa goshūshō sama desu.

恐れ入ります。 .... *Danke schön.*
osore irimasu.

お悔やみ

okuyami

Beileidsbekundungen

知ってた? / WUSSTEST DU SCHON?

Die Formulierung **konotabi wa goshūshō sama desu** bedeutet etwa „ich bedaure diesen Verlust". Sie kann verwendet werden, um bei den Angehörigen einer verstorbenen Person Beileid zu bekunden. Die Antwort **osore irimasu** drückt gleichzeitig Dankbarkeit und Bedauern aus.

この度はご愁傷様です。
konotabi wa goshūshō sama desu.
Mein herzliches Beileid.

恐れ入ります。
osore irimasu.
Danke schön.

36 レストランでの支払い

resutoran deno shiharai

Bezahlen im Restaurant

すみません!
sumimasen!
Entschuldigung!

はい。
hai.
Ja.

お会計をお願いします。
okaikei o onegai shimasu.
Die Rechnung, bitte.

かしこまりました。少々お待ちください。
kashikomari mashita. shōshō omachi kudasai.
Sehr gerne. Einen Moment bitte.

お会計 .... *die Rechnung*
okaikei

お願いします .... *bitte*
onegai shimasu

知ってた？ / WUSSTEST DU SCHON?

Wenn es im Restaurant darum geht, die Rechnung zu begleichen, bekommst du in der Regel einen Zettel an den Tisch gebracht. Mit dem Zettel gehst du zur Kasse, um dort zu bezahlen. In selteneren Fällen kann es – je nach individueller Regelung vor Ort – auch vorkommen, dass man direkt am Tisch zahlt.

お誕生日おめでとう!
otanjōbi omedetō!
Herzlichen Glückwunsch zum Geburtstag!

これ、プレゼント。気に入るといいな。
kore, purezento. kiniiru to iina.
Hier ist ein Geschenk für dich. Ich hoffe, es gefällt dir.

ありがとう。今開けてもいい?
arigatō. ima akete mo ii?
Danke. Darf ich es gleich auspacken?

うん、もちろん!
un, mochiron!
Ja, natürlich!

お誕生日おめでとう!
otanjōbi omedetō!
Herzlichen Glückwunsch zum Geburtstag!

プレゼント
purezento
das Geschenk

気に入るといいな。
kiniiru to iina.
Ich hoffe, es gefällt dir.

開ける
akeru
auspacken

… してもいい?
... shitemo ii?
Darf ich ...?

お誕生日おめでとう!

otanjōbi omedetō!

Herzlichen Glückwunsch zum Geburtstag!

知ってた? / WUSSTEST DU SCHON?

Bekommst du in Japan ein Geschenk, solltest du das Papier nicht gleich aufreißen, sondern zunächst fragen, ob du es direkt auspacken darfst. Das wird in einer solchen Situation erwartet. In formellen Zusammenhängen öffnet man in Japan Geschenke so gut wie nie vor den Schenkenden, sondern wartet lieber auf einen späteren Zeitpunkt.

38

お手洗いはどちらですか

otearai wa dochira desu ka

Wo ist die Toilette?

すみません。お手洗いはどちらですか。
sumimasen. otearai wa dochira desu ka.
Entschuldigung. Wo ist die Toilette?

この先の右側にあります。
kono saki no migigawa ni arimasu.
Gehen Sie geradeaus und dann sehen Sie sie auf der rechten Seite.

ありがとうございます。
arigatō gozaimasu.
Danke schön.

お手洗い .... *die Toilette*
otearai

… はどちらですか。 .... *Wo ist ...?*
... wa dochira desu ka.

この先 .... *geradeaus*
kono saki

右側 .... *auf der rechten Seite*
migigawa

知ってた? / WUSSTEST DU SCHON?

Das Wort **otearai** bedeutet „Waschraum". Es gehört zu den ‚verschönernden Wörtern' für „Toilette". Im Freundeskreis oder mit der Familie kannst du statt **otearai** einfach **toire** sagen.

電車
densha
der Zug

携帯電話
keitai denwa
das Handy

… を忘れてしまいました。
... o wasurete shimai mashita.
Ich habe ... vergessen.

何時発の …
nanji hatsu no ...
Um wie viel Uhr ...

忘れ物

39

wasuremono

Die Fundsache

すみません。電車に携帯電話を忘れてしまいました。
sumimasen. densha ni keitai denwa o wasurete shimai mashita.
Entschuldigung. Ich habe mein Handy im Zug vergessen.

何時発のどこ行きの電車でしたか。
nanji hatsu no doko yuki no densha deshita ka.
Um wie viel Uhr und wohin fuhr der Zug?

15時発の熱海行きでした。
jūgo-ji hatsu no atami yuki deshita.
Abfahrt war um 15 Uhr nach Atami.

そうしましたら、こちらの用紙に記入してください。
sōshimashitara, kochira no yōshi ni kinyū shite kudasai.
Dann füllen Sie bitte dieses Formular aus.

どこ行き
doko yuki
wohin

… 時発
... ji hatsu
Abfahrt um ...

… 行き
... yuki
nach ...

用紙に記入する
yōshi ni kinyū suru
ein Formular ausfüllen

どちらまで？
dochira made?
Wo soll's denn hingehen?

東京駅までお願いします。
tōkyō eki made onegai shimasu.
Bringen Sie mich bitte zum Bahnhof Tokio.

何口ですか。
nani guchi desu ka.
Zu welchem Eingang möchten Sie?

丸の内北口です。
marunouchi kita-guchi desu.
Zu Eingang Marunouchi kita-guchi, bitte.

はい、かしこまりました。
hai, kashikomari mashita.
Ja, sehr gerne.

どちらまで？ .... *Wo soll's denn hingehen?*
dochira made?

… までお願いします。 .... *Bringen Sie mich bitte zum …*
… made onegai shimasu.

何口 .... *Welcher Eingang?*
nani guchi

タクシーに乗る 40

takushī ni noru

Ein Taxi nehmen

41 試験のストレス

shiken no sutoresu

▷ Prüfungsstress

あー、疲れた！
ā, tsukareta!
Ach, bin ich müde!

よく頑張ってるね。
yoku ganbatteru ne.
Du bist sehr fleißig.

明日、テストなんだ。
ashita, tesuto nanda.
Ich habe morgen eine Prüfung.

少し休憩したら？
sukoshi kyūkei shitara?
Möchtest du nicht eine kurze Pause machen?

うん。
un.
Ja.

疲れた！
tsukareta!
Ich bin müde!

よく頑張ってるね。
yoku ganbatteru ne.
Du bist sehr fleißig.

テスト
tesuto
die Prüfung

休憩する
kyūkei suru
eine Pause machen

疲れた!
少し休憩したら?

すみませんｑ。大きいサイズはありますか。
sumimasen. ōkii saizu wa arimasu ka.
Entschuldigung. Haben Sie eine größere Größe?

はい、XLもございます。
hai, ekkusu-eru mo gozaimasu.
Ja, wir haben auch Größe XL.

XLを見せていただけますか。
ekkusu-eru o misete itadakemasu ka.
Können Sie mir Größe XL zeigen?

かしこまりました。少々お待ちください。
kashikomari mashita. shōshō omachi kudasai.
Sehr gerne. Einen Moment bitte.

大きいサイズ
ōkii saizu
die größere Größe

… はありますか。
... wa arimasu ka.
Haben Sie ...?

… もございます。
... mo gozaimasu.
Wir haben auch ...

… を見せていただけますか。
... o misete itadakemasu ka.
Können Sie mir ... zeigen?

正しい服のサイズ

tadashii fuku no saizu

Die richtige Konfektionsgröße

43 地震が来たら …

jishin ga kitara ...

Wenn ein Erdbeben kommt ...

地震
jishin
das Erdbeben

ドア
doa
die Tür

ドアを開ける
doa o akeru
die Tür aufmachen

もう開けたよ！
mō aketa yo!
Ich habe sie schon aufgemacht!

窓
mado
das Fenster

家具
kagu
die Möbel

… から離れる
... kara hanareru
von ... weggehen

テーブル
tēburu
der Tisch

… の下
... no shita
unter ...

知ってた？ / WUSSTEST DU SCHON?

In Japan gehören Erdbeben zum Leben dazu - es gibt sie überaus häufig. In der Schule üben die Kinder, was im Falle eines Bebens zu tun ist, und zu Hause ist jede Familie auf diesen Fall vorbereitet.

地震！
jishin!
Ein Erdbeben!

ドアを開けて！
doa o akete!
Macht die Tür auf!

もう開けたよ！
mō aketa yo!
Ich habe sie schon aufgemacht!

窓と家具から離れて、テーブルの下に入って！
mado to kagu kara hanarete, tēburu no shita ni haitte!
Geht weg von den Fenstern und Möbeln. Geht unter den Tisch!

行ってきます！
itte kimasu!
Ich gehe dann! (Gruß beim Verlassen des Hauses)

行ってらっしゃい！
itte rasshai!
Einen schönen Tag! (Gruß, wenn jemand das Haus verlässt)

外出と帰宅 その1

gaishutsu to kitaku sono ichi

Kommen und gehen Teil 1

44

知ってた? / WUSSTEST DU SCHON?

So verabschiedet man sich auf Japanisch: **itte kimasu** heißt wörtlich übersetzt „ich gehe und komme wieder" und wird von der Person gesagt, die gerade geht. Die Antwort darauf lautet **itte rasshai** (wörtlich: „bitte geh und komm wieder") und wird von der Person gesagt, die zurückbleibt.

行ってきます!
itte kimasu!
Ich gehe dann!

気を付けて、行ってらっしゃい!
kiotsukete, itte rasshai!
Pass auf dich auf, einen schönen Tag!

知ってた? / WUSSTEST DU SCHON?

So begrüßt man sich, wenn man sich später wiedersieht: Die Person, die nach Hause zurückkommt, sagt **tadaima!** (Ich bin wieder da!). Die Person, die bereits da ist, antwortet **okaeri nasai!** (Willkommen zurück!).

ただいま!
tadaima!
Ich bin wieder da!

お帰りなさい!
okaeri nasai!
Willkommen zurück!

ただいま!
tadaima!
Ich bin wieder da! (Gruß beim Heimkommen)

お帰りなさい!
okaeri nasai!
Willkommen zurück! (Begrüßung für Heimkehrende)

外出と帰宅 その2

45

gaishutsu to kitaku sono ni

Kommen und gehen Teil 2

46 風邪

kaze

Eine Erkältung

大丈夫？
daijōbu?
Geht es dir gut?

風邪をひいたみたい。
kaze o hiita mitai.
Ich glaube, ich habe mich erkältet.

熱はある？
netsu wa aru?
Hast du Fieber?

熱はないけど、喉が痛い。
netsu wa nai kedo, nodo ga itai.
Ich habe kein Fieber, aber ich habe Halsschmerzen.

大丈夫?
daijōbu?
Geht es dir gut?

風邪をひいた。
kaze o hiita.
Ich habe mich erkältet.

… みたい。
... mitai.
Ich glaube, ...

熱
netsu
das Fieber

喉が痛い。
nodo ga itai.
Ich habe Halsschmerzen.

ごめん！今日行けなくなった。
gomen! kyō ikenaku natta.
Es tut mir leid! Ich kann heute nicht mitkommen.

どうしたの？
dōshitano?
Was ist denn los?

具合が悪いんだ。
guai ga warui n da.
Mir geht es nicht gut.

じゃあ、また今度。ゆっくり休んで。
jā, mata kondo. yukkuri yasunde.
Dann ein anderes Mal. Erhol dich gut.

行けなくなった。 .... *Ich kann nicht mitkommen.*
ikenaku natta.

どうしたの？ .... *Was ist denn los?*
dōshitano?

具合が悪いんだ。..... *Mir geht es nicht gut. / Mir ist schlecht.*
guai ga warui n da.

約束をキャンセルする

yakusoku o kyanseru suru

Einen Termin absagen

また今度。 .... *Ein anderes Mal.*
mata kondo.

ゆっくり休んで。 .... *Erhol dich gut.*
yukkuri yasunde.

48 薬局で

yakkyoku de

In der Apotheke

すみません、頭痛薬はありますか。
sumimasen, zutsūyaku wa arimasu ka.
Entschuldigung, haben Sie ein Medikament gegen Kopfschmerzen?

はい、こちら2種類ありますが。
hai, kochira ni-shurui arimasu ga.
Ja, wir haben diese zwei Sorten.

じゃあ、これにします。
jā, kore ni shimasu.
Gut, dann nehme ich das.

こちら800円になります。
kochira happyaku-en ni narimasu.
Es kostet 800 Yen.

頭痛
zutsū
die Kopfschmerzen

… 薬
... yaku
ein Medikament gegen ...

2種類
ni-shurui
die zwei Sorten

… あります
... arimasu
wir haben ...

これにします。
kore ni shimasu.
Ich nehme das.

800円
happyaku-en
acht hundert Yen

いらっしゃいませ。ご注文をお伺いします。
irasshaimase. gochūmon o oukagai shimasu.
Herzlich willkommen. Was möchten Sie bestellen?

Aセット1つとBセット2つお願いします。
ē setto hitotsu to bī setto futatsu onegai shimasu.
Wir hätten gerne einmal das Menü A und zweimal das Menü B, bitte.

こちらでお召し上がりですか。
kochira de omeshiagari desu ka.
Möchten Sie hier essen?

いえ、持ち帰りでお願いします。
ie, mochikaeri de onegai shimasu.
Nein, zum Mitnehmen bitte.

かしこまりました。全部で1580円になります。
kashikomari mashita. zenbu de sen gohyaku hachijū-en ni narimasu.
Sehr gerne. Das macht insgesamt 1580 Yen, bitte.

いらっしゃいませ。
irasshaimase.
Herzlich willkommen.

ご注文をお伺いします。
gochūmon o oukagai shimasu.
Was möchten Sie bestellen?

… 1つと … 2つ
... hitotsu to ... futatsu
einmal ... und zweimal ...

… お願いします。
... onegai shimasu.
Wir hätten gerne ..., bitte.

こちらでお召し上がりですか。
kochira de omeshiagari desu ka.
Möchten Sie hier essen?

持ち帰り
mochikaeri
zum Mitnehmen

ファーストフード店で

fāsuto fūdo ten de

In einem Fast-Food-Restaurant

知ってた? / WUSSTEST DU SCHON?

Wenn du lieber im Restaurant essen möchtest, kannst du **tabete ikimasu** (食べて行きます), also „zum Hieressen", sagen.

知ってた? / WUSSTEST DU SCHON?

Achtung: Diese Ausdrücke sind für formelle Situationen oder für die Geschäftskommunikation nicht geeignet! In solchen Fällen solltest du besser **hontō desu ka** (本当ですか) sagen, wenn du deine Überraschung zum Ausdruck bringen willst.

まじで? .... *Echt?*
majide?

本当? .... *Wirklich?*
hontō?

信じられない! .... *Unglaublich!*
shinji rarenai!

ありえない! .... *Das kann nicht wahr sein!*
arienai!

うそ!? .... *Machst du Witze!?*
uso!?

驚く

50

odoroku

In Erstaunen geraten

51 温泉に行く

onsen ni iku

In die Therme gehen

今度温泉に行こうよ。
kondo onsen ni ikō yo.
Wollen wir beim nächsten Mal ins Thermalbad gehen?

熱い温泉は好きじゃないんだ。
atsui onsen wa suki janai nda.
Ich mag heiße Thermalbäder nicht.

それなら、ぬるめの温泉に行くのはどう?
sorenara, nurume no onsen ni iku nowa dō?
Wie wäre es denn, wenn wir in ein lauwarmes Thermalbad gingen?

それいいね!
sore iine!
Das klingt gut!

知ってた? / WUSSTEST DU SCHON?

Es gibt etwa 2900 Thermalbäder in Japan - sie gehören zu den beliebtesten Ausflugszielen der Japanerinnen und Japaner. Viele traditionelle japanische Hotels (**Ryokan**) verwöhnen Gäste sogar mit eigenen Thermalbädern.

温泉に行こうよ。
onsen ni ikō yo.
Wollen wir ins Thermalbad gehen?

熱い温泉
atsui onsen
heißes Thermalbad

… は好きじゃない。
... wa suki janai.
Ich mag ... nicht.

それなら、…するのはどう？
sorenara, ... suru nowa dō?
Wie wäre es denn, wenn ...?

ぬるめの温泉
nurume no onsen
lauwarmes Thermalbad

それいいね！
sore iine!
Das klingt gut!

すみません、この手紙をドイツへ送りたいのですが。
sumimasen, kono tegami o doitsu e okuritai no desuga.
Entschuldigung, ich möchte diesen Brief nach Deutschland schicken.

普通ですか、速達ですか。
futsū desu ka, sokutasu desu ka.
Möchten Sie ihn per Normal- oder Expressversand schicken?

速達でお願いします。
sokutasu de onegai shimasu.
Per Express, bitte.

手紙
tegami
der Brief

ドイツへ
doitsu e
nach Deutschland

… を送りたい。
... o okuritai.
Ich möchte ... schicken.

普通
futsū
normal

速達
sokutasu
Express-

速達でお願いします。
sokutasu de onegai shimasu.
Per Express, bitte.

郵便局で

52

yūbin kyoku de

Bei der Post

53 時間を尋ねる

jikan o tazuneru

Nach der Uhrzeit fragen

知ってた? / WUSSTEST DU SCHON?

Wenn du in der Familie bzw. im Freundes- oder Kollegenkreis nach der Uhrzeit fragen willst, kannst du einfach **ima nanji** (今何時) sagen.

すみません、今何時かわかりますか。
sumimasen, ima nanji ka wakarimasu ka.
Entschuldigung, wissen Sie, wie spät es ist?

11時50分です。
jūichi-ji gojup-pun desu.
Es ist 11.50 Uhr.

ありがとうございます。
arigatō gozaimasu.
Danke schön.

今何時 .... *Wie spät ist es?*
ima nanji

… かわかりますか。 .... *Wissen Sie …?*
… ka wakarimasu ka.

11時50分です。 .... *Es ist 11.50 Uhr.*
jūichi-ji gojup-pun desu.

携帯が鳴ってるよ。
keitai ga natteru yo.
Dein Handy klingelt.

やばい！マナーモードにするのを忘れた。
yabai! manāmōdo ni suruno o wasureta.
Oh nein! Ich habe vergessen, mein Handy auf lautlos zu stellen.

大丈夫？
daijōbu?
Ist alles in Ordnung?

お母さんから。今電車の中だってメッセージ送った。
okāsan kara. ima densha no naka datte messēji okutta.
Das war meine Mutter. Ich habe eine Nachricht geschickt, dass ich gerade im Zug bin.

通話はご遠慮ください

54

tsūwa wa goenryo kudasai

Bitte nicht telefonieren

知ってた? / WUSSTEST DU SCHON?

In öffentlichen Verkehrsmitteln in Japan darfst du nicht telefonieren, und du solltest dein Smartphone besser auf lautlos stellen. Die meisten Japanerinnen und Japaner wollen andere Leute nicht stören, und sie möchten auch selbst nicht gestört werden. Gute Umgangsformen werden in Japan immer großgeschrieben! Achtung: Den Ausdruck **yabai** (やばい) verwenden junge Menschen gerne untereinander. Für die Geschäftskommunikation ist er jedoch nicht geeignet.

携帯が鳴る
keitai ga naru
das Handy klingelt

マナーモード
manāmōdo
lautlos

やばい!
yabai!
oh nein!

… するのを忘れる
... suru no o wasureru
vergessen, etwas zu tun

お母さん
okāsan
die Mutter

電車の中
densha no naka
im Zug

メッセージを送る
messēji o okuru
eine Nachricht schicken

55 動物園で

dōbutsuen de

Im Zoo

知ってた? / WUSSTEST DU SCHON?

In Japan werden verschiedene Zählwörter **josūshi** (助数詞) benutzt, je nachdem, ob man Dinge, Leute, Tiere usw. zählt. Die Wörter, die verwendet werden, um Tiere zu zählen, gehören zu den kompliziertesten Zählwörtern überhaupt!

見て!ライオンがいるよ。
mite. raion ga iru yo.
Schau mal! Da sind Löwen.

5頭いるね。
go-tō iru ne.
Es sind 5 (Löwen).

あっちには、鷲が5羽いるよ。
acchi niwa, washi ga go-wa iru yo.
Da sind 5 Adler.

大きいね。
ōkii ne.
Sie sind groß.

あそこには猿が5匹いるよ。
asoko niwa saru ga go-hiki iru yo.
Dort sind fünf Affen.

見て
mite
schau mal

ライオンがいる。
raion ga iru.
Da sind Löwen.

5頭
go-tō
fünf (große Säugetierarten, z. B. Kühe, Pferde usw.)

鷲
washi
der Adler

5羽
go-wa
fünf (Vögel, Hasen)

猿
saru
der Affe

5匹
go-hiki
fünf (kleine und kleinere Tiere, z. B. Hunde, Katzen, Insekten, Regenwürmer, usw.)

56 支払い方法

shiharai hōhō

Die Zahlungsart

いらっしゃいませ。
irasshaimase.
Herzlich willkommen.

これお願いします。
kore onegai shimasu.
Das hätte ich gern, bitte.

こちら5800円になります。お支払いは現金になさいますか、カードになさいますか。
kochira gosen happyaku-en ni narimasu. oshiharai wa genkin ni nasai masu ka, kādo ni nasaimasu ka.
Das macht 5800 Yen. Möchten Sie bar oder mit Karte zahlen?

カードでお願いします。
kādo de onegai shimasu.
Ich möchte gerne mit Karte bezahlen.

これお願いします。 .... *Das hätte ich gern, bitte.*
kore onegai shimasu.

現金で支払う .... *bar zahlen*
genkin de shinarau

カードで支払う .... *mit Karte zahlen*
kādo de shinarau

どうした?眠そうだね。
dōshita? nemusō dane.
Was ist denn los? Du siehst müde aus.

昨日、夜中3時まで起きていたんだ。
kinō, yonaka san-ji made okiteita nda.
Gestern war ich bis 3 Uhr nachts wach.

どうして?
dōshite?
Warum?

ドイツにいる友達と電話してた。
doitsu ni iru tomodachi to denwa shiteta.
Ich habe mit einem Freund in Deutschland telefoniert.

眠そう
nemusō
müde aussehen

昨日
kinō
gestern

夜中3時まで
yonaka san-ji made
bis 3 Uhr nachts

起きている
okiteiru
wach sein

どうして?
dōshite?
warum?

寝不足 57

nebusoku

Schlafmangel

友達
tomodachi
der Freund / die Freundin

… と電話する
… to denwa suru
mit … telefonieren

知ってた？ / WUSSTEST DU SCHON?

Wenn sie zum Arzt gehen, sagen viele Japaner auch **byōin ni iku** (病院に行く), was eigentlich „ich gehe ins Krankenhaus" bedeutet. Zum Arzt geht man meist ohne Termin, allerdings sollte man viel Geduld mitbringen, denn die Wartezeiten können sehr lang sein.

どうしましたか。
dōshimashita ka.
Was fehlt Ihnen denn?

三日前から
mikkamae kara
seit drei Tagen

お腹が痛い。
onaka ga itai.
Ich habe Bauchschmerzen.

下痢
geri
der Durchfall

… はありません。
... wa arimasen.
Ich habe keinen ...

食欲
shokuyoku
der Appetit

… はどうですか。
... wa dō desu ka.
Wie ist ...?

医者に行く

58

isha ni iku

Zum Arzt gehen

どうしましたか。
dōshimashita ka.
Was fehlt Ihnen denn?

三日前からお腹が痛いんです。
mikkamae kara onaka ga itai n desu.
Seit drei Tagen habe ich Bauchschmerzen.

下痢はありますか。
geri wa arimasu ka.
Haben Sie Durchfall?

いえ、下痢はありません。
ie, geri wa arimasen.
Nein, ich habe keinen Durchfall.

食欲はどうですか。
shokuyoku wa dō desu ka.
Wie ist Ihr Appetit?

食欲はありません。
shokuyoku wa arimasen.
Ich habe keinen Appetit.

59 スーパーで買い物

sūpā de kaimono

Einkaufen im Supermarkt

買い物に行ってくる。
kaimono ni itte kuru.
Ich gehe einkaufen.

何を買うの？
nani o kau no?
Was kaufst du?

玉子10個と牛乳2本。
tamago juk-ko to gyūnyū ni-hon.
Ich kaufe 10 Eier und 2 Flaschen Milch.

りんごも２つ買って来てくれる？
ringo mo futatsu katte kite kureru?
Kannst du bitte auch 2 Äpfel kaufen?

わかった。
wakatta.
Alles klar.

知ってた？ / WUSSTEST DU SCHON?

In diesem Dialog sind weitere Zählwörter (**josūshi** 助数詞) zu finden, die in Japan sehr häufig vorkommen.

買い物に行ってくる。
kaimono ni itte kuru.
Ich gehe einkaufen.

何を買う？
nani o kau?
Was kaufst du?

玉子
tamago
das Ei

10個
juk-ko
zehn (für kleine Objekte)

牛乳
gyūnyū
die Milch

2本
ni-hon
zwei (für dünne, längliche Objekte)

りんご
ringo
der Apfel

2つ
futatsu
zwei (allgemeines Zählwort)

試験はどうだった?
shiken wa dō datta?
Wie war deine Prüfung?

やった！合格したよ。嬉しい！
yatta! gōkaku shitayo. ureshii!
Geschafft, ich habe die Prüfung bestanden! Ich freue mich!

試験はどうだった? .... *Wie war deine Prüfung?*
shiken wa dō datta?

やった！ .... *Geschafft!*
yatta!

合格した。 .... *Ich habe die Prüfung bestanden.*
gōkaku shita.

嬉しい！ .... *Ich freue mich!*
ureshii!

喜ぶ 60

yorokobu

Sich freuen

61

図書館で

toshokan de

In der Bibliothek

すみません、この本を探しているのですが。
sumimasen, kono hon o sagashiteiru no desuga.
Entschuldigen Sie, ich suche dieses Buch.

この本は貸出中です。
kono hon wa kashidashichū desu.
Dieses Buch ist ausgeliehen.

本は何冊まで借りられますか。
hon wa nansatsu made karirare masu ka.
Wie viele Bücher kann ich ausleihen?

一人6冊まで、2週間借りられます。
hitori roku-satsu made, ni-shūkan karirare masu.
Eine Person kann bis zu 6 Bücher für 2 Wochen ausleihen.

本
hon
das Buch

… を探している
… o sagashiteiru
Ich suche …

貸出中
kashidashichū
ausgeliehen

何冊
nansatsu
wie viele (Bücher, Hefte, usw.)?

一人
hitori
eine Person

6冊
roku-satsu
sechs (Bücher, Hefte, usw.)

2週間
ni-shūkan
zwei Wochen

62

新しいもの

atarashii mono

Etwas Neues

それ、新しいスカート？
sore, atarashii sukāto?
Ist das dein neuer Rock?

うん、おばあちゃんからの誕生日プレゼントなんだ。
un, obāchan karano tanjōbi purezento nanda.
Ja, ein Geburtstagsgeschenk von meiner Oma.

よく似合うね。
yoku niau ne.
Er steht dir gut.

ありがとう。
arigatō.
Danke.

新しい .... *neu*
atarashii

スカート .... *der Rock*
sukāto

おばあちゃん .... *die Oma*
obāchan

誕生日プレゼント .... *das Geburtstagsgeschenk*
tanjōbi purezento

よく似合う。 .... *Es steht dir gut.*
yoku niau.

知ってた? / WUSSTEST DU SCHON?

In diesem Dialog findest du wieder die informelle Form **dayo** (だよ) bzw. **da** (だ). Die entsprechende Höflichkeitsform ist **desu** (です) bzw. **desune** (ですね).

「立ち入り禁止」だよ。
„tachiiri kinshi“ dayo.
Da steht „Zutritt verboten“.

あ、本当だ。
a, hontō da.
Ja, stimmt.

じゃあ、隣のドアを試そう。
Jā, tonari no doa o tamesō.
Dann lass es uns bei der nächsten Tür probieren.

立ち入り禁止
tachiiri kinshi
Zutritt verboten

本当だ。
hontō da.
Stimmt.

ドア
doa
die Tür

試す
tamesu
probieren

63

立ち入り禁止

tachiiri kinshi

Zutritt verboten

64

歯医者の予約

haisha no yoyaku

Termin beim Zahnarzt

鈴木歯科医院です。
suzuki shikaiin desu.
Zahnarztpraxis Dr. Suzuki.

すみません、予約をしたいのですが。
sumimasen, yoyaku o shitai no desu ga.
Verzeihung, ich würde gern einen Termin machen.

どうされましたか。
dōsare mashita ka.
Weshalb möchten Sie kommen?

先週から歯が痛いんです。
senshū kara ha ga itai n desu.
Ich habe seit letzter Woche Zahnschmerzen.

歯科医院
shikaiin
die Zahnarztpraxis

予約をしたいのですが。
yoyaku o shitai no desu ga.
Ich würde gern einen Termin machen.

先週から
senshū kara
seit letzter Woche

歯が痛い。
ha ga itai.
Ich habe Zahnschmerzen.

お孫さんですか。
omagosan desu ka.
Ist das Ihr Enkelkind?

そうです。
sōdesu.
Ja, genau.

お孫さんはおいくつですか。
omagosan wa oikutsu desu ka.
Wie alt ist Ihr Enkelkind?

2歳です。
ni-sai desu.
Es ist zwei Jahre alt.

お孫さんですか。 .... *Ist das Ihr Enkelkind?*
omagosan desu ka.

そうです。 .... *Ja, genau.*
sōdesu.

… はおいくつですか。 .... *Wie alt ist …?*
… wa oikutsu desu ka.

2歳 .... *zwei Jahre alt*
ni-sai

年齢を聞く 65

nenrē o kiku

Nach dem Alter fragen

知ってた？ / WUSSTEST DU SCHON?

In diesem Dialog ist erneut die Höflichkeitsform **oikutsu desu ka** (おいくつですか) zu finden. Wenn du ein Kind nach seinem Alter fragst, oder auch, wenn sich junge Leute untereinander diese Frage stellen, ist die richtige Form einfach **nansai** (何歳) oder **ikutsu** (いくつ), d. h. „Wie alt bist du?".

知ってた? / WUSSTEST DU SCHON?

Hier für alle Fälle die beiden wichtigsten Notrufnummern in Japan:
119 -> Krankenwagen (**kyūkyūsha** 救急車) oder Feuerwehr (**shōbō** 消防)
110 -> Polizei (**keisatsu** 警察)

火事だ！

kaji da!

Feuer!

火事だ！
kaji da!
Feuer!

119番に電話するよ！
hyaku jū kyū-ban ni denwa suru yo!
Ich rufe die 119 an!

急いで！
isoide!
Mach schnell!

火事
kaji
das Feuer

119番
hyaku jū kyū-ban
die Nummer 119

… に電話する。
... ni denwa suru.
Ich rufe ... an.

急いで！
isoide!
Mach schnell!

67

何人…?

nan nin ...?

Wie viele Leute ...?

長い行列だ！
nagai gyōretsu da!
Da ist eine lange Schlange!

何人いると思う？
nan nin iru to omou?
Was denkst du, wie viele Leute da sind?

100人以上はいるよ。
hyaku-nin ijō wa iru yo.
Es sind über 100 Leute.

長い .... *lange*
nagai

行列 .... *die Schlange*
gyōretsu

何人いる？ .... *Wie viele Leute sind da?*
nan nin iru?

… と思う？ .... *Was denkst du, …?*
… to omou?

100人 .... *100 Leute*
hyaku-nin

以上 .... *über*
ijō

… に行く。
... ni iku.
Ich fahre nach ...

今までに何回 … に
行った？
imamade ni nankai ... ni itta?
Wie oft warst du schon in ...?

何回？ 68

nankai

Wie oft?

今日、沖縄に行くんだ。
kyō, okinawa ni iku nda.
Heute fahre ich nach Okinawa.

今までに何回沖縄に行った？
imamade ni nankai okinawa ni itta?
Wie oft warst du schon in Okinawa?

今回で5回目。
konkai de go kaime.
Dieses ist das fünfte Mal.

楽しんできて！
tanoshinde kite!
Viel Spaß!

今回
konkai
diesmal

5回目
go kaime
das fünfte Mal

楽しんできて！
tanoshinde kite!
Viel Spaß!

69

怒る

okoru

Sich ärgern

知ってた? / WUSSTEST DU SCHON?

Dass die genannten Ausdrücke und Formulierungen für geschäftliche oder andere formelle Situationen alles andere als geeignet sind, dürfte sich von selbst erklären ...

むかつく! .... *Das kotzt mich an!*
mukatsuku!

ふざけるな! .... *Mach keinen Unsinn!*
fuzakeruna!

馬鹿! .... *Idiot!*
baka!

うざい! .... *Du nervst!*
uzai!

だまれ! .... *Halt's Maul!*
damare!

むかつく!

タブレット
taburetto
das Tablet

… を買った。
... o katta.
Ich habe ... gekauft.

いくらだった？
ikura datta?
Wie viel hast du dafür bezahlt?

2万円
niman-en
zwanzigtausend Yen

安い
yasui
günstig, billig

8万円
hachiman-en
achtzigtausend Yen

高い
takai
teuer

高い？ 安い？

70

takai? yasui?

Teuer? Billig?

新しいタブレットを買ったんだ。
atarashii taburetto o katta nda.
Ich habe ein neues Tablet gekauft.

いくらだった？
ikura datta?
Wie viel hast du dafür bezahlt?

２万円。
niman-en.
Zwanzigtausend Yen.

安い！俺の8万円だよ。
yasui! ore no hachiman-en dayo.
Wie günstig! Mein Tablet hat achtzigtausend Yen gekostet.

高い！
takai!
Wie teuer!

71

銀行はどこ?

ginkō wa doko?

Wo ist die Bank?

この近くに銀行はありますか。
kono chikaku ni ginkō wa arimasu ka.
Gibt es hier in der Nähe eine Bank?

駅の反対側にありますよ。
eki no hantaigawa ni arimasu yo.
Es gibt eine auf der anderen Seite des Bahnhofs.

知ってた？ / WUSSTEST DU SCHON?

In Situationen wie dieser verwendet man natürlich die Höflichkeitsform: **arimasu ka** (ありますか) bzw. **arimasu yo** (ありますよ). Im Freundes- und Kollegenkreis kannst du **aru** (ある) und **aruyo** (あるよ) benutzen.

この近くに … は
ありますか。
kono chikaku ni ... wa arimasu ka.
Gibt es hier in der Nähe ...?

銀行
ginkō
die Bank

… がある。
... ga aru.
Es gibt ...

… の反対側
... no hantaigawa
auf der anderen Seite von ...

喉が乾いた。
nodo ga kawaita.
Ich habe Durst.

ジュース
jūsu
der Saft

お茶
ocha
der Tee

… を買ってくれる？
... o katte kureru?
Kannst du bitte ... kaufen?

冷たい
tsumetai
kalt

温かい
atatakai
warm

自動販売機

72

jidō hanbaiki

Der Verkaufsautomat

喉が乾いたから、ジュースを買って来る。
nodo ga kawaita kara, jūsu o katte kuru.
Ich habe Durst, ich werde mir einen Saft kaufen.

私にもお茶を買ってくれる？
watashi nimo ocha o katte kureru?
Kannst du bitte auch einen Tee für mich kaufen?

冷たいの？温かいの？
tsumetai no? atatakai no?
Einen kalten Tee? Oder einen warmen?

冷たいのでお願い。
tsumetai no de onegai.
Einen kalten, bitte.

知ってた？ / WUSSTEST DU SCHON?

In Japan findest du Verkaufsautomaten überall in den Städten. Insbesondere am Bahnhof stehen stets diverse dieser Automaten, an denen du sowohl warme als auch kalte Getränke kaufen kannst.

これおみやげ。
kore omiyage.
Hier ist ein Souvenir für dich.

ありがとう。どこに行って来たの？
arigatō. doko ni itte kita no?
Danke. Wo bist du gewesen?

京都に行ってきた。
kyōto ni itte kita.
Ich war in Kyoto.

知ってた？ / WUSSTEST DU SCHON?

Die japanische Tradition **omiyage** sieht vor, dass Reisende vor der Heimkehr Geschenke vom Reiseziel für Familie, Freunde oder Kollegen besorgen. Das Geschenk besteht meist aus Leckereien wie etwa Kuchen, Pralinen, Keksen, Reiscrackern oder anderen Snacks.

おみやげ
omiyage
das Souvenir

どこに行ってきた？
doko ni itte kita?
Wo bist du gewesen?

… に行ってきた。
... ni itte kita.
Ich war in ...

おみやげ

Omiyage

Das Souvenir

74 暑い日

atsui hi

Ein heißer Tag

ふー、今日は暑いですね。
fū, kyō wa atsui desu ne.
Puh, heute ist es heiß, oder?

日中の最高気温は35度まで上がるらしいですよ。
nicchū no saikō kion wa sanjūgo-do made agaru rashii desu yo.
Die Tageshöchsttemperatur soll auf 35 Grad steigen.

知ってた? / WUSSTEST DU SCHON?

In diesem Dialog wird die Höflichkeitsform, **desu ne** (ですね) bzw. **desu yo** (ですよ), verwendet. Einen ähnlichen Fall findest du auch im Dialog „Das hier, das da, das dort drüben" auf Seite 20. Im nachstehenden Dialog wird hingegen die informelle Form gebraucht.

今日
kyō
heute

暑い
atsui
heiß

日中の最高気温
nicchū no saikō kion
die Tageshöchsttemperatur

35度
sanjūgo-do
35 Grad

上がる
agaru
steigen

75 # 寒い日

samui hi

Ein kalter Tag

知ってた？ / WUSSTEST DU SCHON?

Anders als auf der vorherigen Seite findest du in diesem Dialog die informelle Form **ne** (ね) bzw. **yo** (よ). Vergleiche hierzu auch den Dialog „Die Wettervorhersage" auf Seite 72 - dort wird ebenfalls die informelle Form gebraucht.

う一、今日はすごく寒いね。
ū, kyō wa sugoku samui ne.
Brr, es ist sehr kalt heute, oder?

今日の午後、雪が降るみたいよ。
kyō no gogo, yuki ga furu mitai yo.
Es soll heute Nachmittag schneien.

すごく .... *sehr*
sugoku

寒い .... *kalt*
samui

午後 .... *der Nachmittag*
gogo

雪が降る .... *schneien*
yuki ga furu

知ってた？ / WUSSTEST DU SCHON?

Wenn du in diesem Fall die Höflichkeitsform benutzen möchtest, kannst du einfach **desu ka** am Satzende hinzufügen: **issho ni shokuji demo dōdesu ka?** (一緒に食事でもどうですか?)

デートに誘う 76

dēto ni sasou

Zu einem Date einladen

一緒に食事でもどう?
issho ni shokuji demo dō?
Hast du Lust, mit mir essen zu gehen?

うん、是非。
un, zehi.
Ja, sehr gerne.

一緒に
issho ni
mit mir (zusammen)

… 食事でもどう?
... shokuji demo dō?
Hast du Lust ... essen zu gehen?

是非。
zehi.
Sehr gerne.

77 サッカーの試合

sakkā no shiai

Das Fußballspiel

知ってた？ / WUSSTEST DU SCHON?

Sowohl Fußball als auch Baseball sind in Japan sehr beliebte Volkssportarten. Sie werden von vielen Kindern gespielt, und im Fernsehen werden die Spiele von Millionen mit Begeisterung verfolgt.

サッカーの試合
sakkā no shiai
das Fußballspiel

… はどうだった？
… wa dō datta?
Wie war …?

勝った
katta
gewonnen

負けた
maketa
verloren

すごい！
sugoi!
Toll!

サッカーの試合はどうだった?勝った?負けた?
sakkā no shiai wa dō datta? katta? maketa?
Wie war das Fußballspiel? Habt ihr gewonnen? Oder verloren?

勝ったよ!
katta yo!
Wir haben gewonnen!

すごい!
sugoi!
Toll!

PONS
話そう! Nie mehr sprachlos.
77 japanische Dialoge für 77 Situationen, die du unbedingt kennen musst.

Bearbeitet von: Akimi Greuet, Torsten Lasse, Dr. Christiane Wirth
Illustrationen: Reinhard Lörwald

Warenzeichen, Marken und gewerbliche Schutzrechte
Wörter, die unseres Wissens eingetragene Warenzeichen oder Marken oder sonstige gewerbliche Schutzrechte darstellen, sind als solche – soweit bekannt – gekennzeichnet. Die jeweiligen Berechtigten sind und bleiben Eigentümer dieser Rechte.

Es ist jedoch zu beachten, dass weder das Vorhandensein noch das Fehlen derartiger Kennzeichnungen die Rechtslage hinsichtlich dieser gewerblichen Schutzrechte berührt.

Download
Die PONS GmbH verpflichtet sich, den Zugriff auf das Download-Angebot, das zu diesem Buch gehört, mindestens bis Ende 2025 bereitzustellen. Einen Anspruch der Nutzung, der darüber hinausgeht, gibt es nicht. Weitere Informationen entnehmen Sie bitte unseren AGB.

1. Auflage 2022 (1,01 - 2022)

www.pons.de
E-Mail: kundenservice@pons.de

Projektleitung: Helen Schmidt
Layout und technische Umsetzung: zweiband.media, Berlin
Logoentwurf: Erwin Poell, Heidelberg
Logoüberarbeitung: Sabine Redlin, Ludwigsburg
Umschlag: (Flagge) shutterstock/CulombioArt; (Glühbirne) shutterstock/AVIcon
Druck: Multiprint GmbH, Kostinbrod

ISBN 978-3-12-516337-9